AF272179

Ein wenig angedacht:

In guten wie in schlechten Zeiten!

Über den Autor:

Thorsten Haßiepen, Jahrgang 1970, ist
selbständiger Rechtsanwalt in seiner
Heimatstadt Wegberg.

Nachdem er eine zweijährige Ausbildung zum
Prädikanten (ehrenamtlicher Pastor) absolviert
hat, wurde er 2010 in der Evangelischen Kirche
im Rheinland ordiniert.

Er ist verheiratet und Vater von drei Kindern.

Thorsten Haßiepen

Ein wenig angedacht:

In guten wie in schlechten Zeiten!

tsh

Thorsten Haßiepen

Ein wenig angedacht:
In guten wie in schlechten Zeiten!

Bibliografische Information der Deutschen Bibliothek
Die Deutsche Bibliothek verzeichnet diese Publikation
in der Deutschen Nationalbibliographie;
detaillierte bibliografische Daten sind im Internet
über http://dnb.ddb.de abrufbar.

ISBN: 978-3-8423-8065-3

© 2012 Thorsten Haßiepen, Wegberg, Az. 176/05, **tsh**

Umschlaggestaltung und Grafiken:
Stefanie Haßiepen - haßiepenDesign - www.hassiepen-design.de

Umschlagbild:
Stefanie Haßiepen

Herstellung & Verlag:
Books on Demand GmbH, Norderstedt

Alle Rechte vorbehalten. Nachdruck, fotomechanische
Wiedergabe, Aufnahme in Online-Dienste und Internet sowie
Vervielfältigung auf Datenträgern wie CD-ROM etc. nur nach
schriftlicher Zustimmung des Rechteinhabers.

Für Herrn

Dietrich von Creytz

Inhaltsverzeichnis

Das Vorwort

Was schreibt denn da ein Jurist über theologische Themen? Kann das denn gutgehen?

In der Tat kann man sich schnell fragen, wie es sein kann, dass ein Jurist gleichzeitig ein ordinierter Prädikant (ehrenamtlicher Pastor) ist. Schließen sich doch rechtliche Belange und Fragen des Glaubens auf den ersten Blick aus.

Schaut man aber schon in unser Grundgesetz, findet man in dem ersten Satz den Bezug auf Gott und die Feststellung, dass zumindest die deutsche Verfassung »in Verantwortung vor Gott« entstanden ist.

Theologie und Rechtswissenschaft ergänzen sich in der Tat. Vieles ist eine Glaubensfrage.

Vieles ist Ansichtssache. Wertesysteme werden auch durch deren religiöse Herkunft geprägt.

Dies wird nicht nur deutlich, wenn vor Gericht gerufen wird: »Das schwöre ich bei Gott!«, sondern auch in den vielen Fragen des Alltäglichen, bei denen wir uns fragen, was denn nun »Recht« ist, was »richtig« ist.

So darf ich Sie einladen, mich auf der Suche zu begleiten. Die Rechtswissenschaft sucht nach der Gerechtigkeit, die Theologie nach der einen Wahrheit. Beide Ziele umschließen sich, gehen nicht ohne das jeweils andere.

Lesen Sie dieses Buch und lassen es auf sich wirken. Lesen Sie es in Ruhe, ohne Eile, wenn Sie hierfür Muße haben.

Sie werden spüren, wie die Liebe Gottes tatsächlich wahrnehmbar ist ... meistens auf eine Art und Weise, wo und wie wir sie eben überhaupt nicht erwarten ... in dem ganz normalen Alltag.

Das ist das Geheimnis. Wir leben nicht auf einer Insel in unserer kleinen Welt. Wir Menschen sind miteinander verbunden, gehören zueinander, stützen und ergänzen uns...

Wegberg, im April 2012

Thorsten Haßiepen

»Ein wenig angedacht«

Die Bücher der Reihe »Ein wenig angedacht« sind kurze Einheiten, sozusagen Gedankensplitter, welche sich auf ein bestimmtes Thema in Kürze konzentrieren.

Anhand einer kleinen Bibelstelle, welche auch Grundlage für eine Predigt gewesen ist oder noch sein kann, sollen ein paar kurze Gedanken ausgeführt werden, die helfen sollen, das Thema von einer vielleicht anderen und neuen Seite zu beleuchten.

Wir bekommen immer wieder Ratgeber, Seminare, Lehren und Glaubenssätze angeboten, gar angepriesen, die für sich das Recht in Anspruch nehmen, sie seien die einzig wahren und heilsbringenden

Möglichkeiten, ein erfülltes Leben zu erreichen.

Dem widerspreche ich entschieden. Es gibt nicht die *Eine* Lehre, den *Einen* Glauben, die *Eine* Weltanschauung.

Menschen sind unterschiedlich. Sie leben in unterschiedlichsten, teils über Jahrtausende gewachsenen Kulturen. Jedem ist die eigene Kultur die Nächste.

Viel Leid, Tod, Kriege, Auseinandersetzungen haben solche Absolutheitsansprüche in unsere Welt gebracht.

Die Bücher dieser Reihe »Ein wenig angedacht« stellen eben keinen Absolutheitsanspruch auf. Sie möchten nur den Gedanken von Ihnen, verehrte Leserinnen und Leser, einen kleinen Schubs geben, um vielleicht auch einmal in eine andere Richtung zu schauen, die wir noch nicht gewohnt sind.

14

Sie sollen das Thema auch nicht in alle Winkel und Ecken ausleuchten, sondern vielmehr eine »Andacht« sein, die wir dann gemeinsam oder für uns selbst weiter entwickeln können ... in unseren ganz persönlichen Gedanken...

Und so mögen uns diese Gedanken dazu bringen, uns einander zu nähern, die Hände zu reichen, Frieden zu schaffen und zu halten, über Familien, Länder und Glaubensgrenzen hinweg.

Nun aber darf ich Ihnen wünschen, dass Sie sich ein wenig Ruhe nehmen, in Ihren Lieblingssessel setzen und die Worte ungestört und in Ruhe auf sich wirken lassen mögen.

Legen Sie das Buch nach der Lektüre nicht sofort weg, sondern halten Sie es noch einige Zeit in den Händen, betrachten Sie es und fühlen Sie, wie es sich halten lässt.

Lassen Sie aufkommende Gedanken durch Ihren Kopf ziehen und lassen sich ein wenig überraschen über die Wege, die diese Gedanken manchmal gehen können.

Ich wünsche Ihnen, dass Sie die verstreichende Zeit genießen können und interessante Begegnungen in der jetzt beginnenden Lektüre...

Der Bibeltext

2. Buch Mose, Kapitel 34 Verse 4 bis 10
(Luther 1912):

> *»Und Mose hieb zwei steinerne Tafeln, wie die ersten waren, und stand des Morgens früh auf und stieg auf den Berg Sinai, wie ihm der Herr geboten hatte, und nahm die zwei steinernen Tafeln in seine Hand.*
>
> *Da kam der Herr hernieder in einer Wolke und trat daselbst zu ihm und rief aus des Herrn Namen.*
>
> *Und der Herr ging vor seinem Angesicht vorüber und rief: Herr, Herr, Gott, barmherzig und gnädig und geduldig und von großer Gnade und Treue!*

*Der da bewahrt Gnade in tausend Glieder
und vergibt Missetat, Übertretung und
Sünde, und vor welchem niemand
unschuldig ist; der die Missetat der Väter
heimsucht auf Kinder und Kindeskinder
bis ins dritte und vierte Glied.*

*Und Mose neigte sich eilend zu der Erde
und betete an und sprach: Habe ich, Herr,
Gnade vor deinen Augen gefunden, so gehe
der Herr mit uns; denn es ist ein
halstarriges Volk, daß du unsrer Missetat
und Sünde gnädig seist und lassest uns
dein Erbe sein.*

*Und er sprach: Siehe, ich will einen Bund
machen vor allem deinem Volk und will
Wunder tun, dergleichen nicht geschaffen
sind in allen Landen und unter allen
Völkern, und alles Volk, darunter du bist,
soll sehen des Herrn Werk; denn
wunderbar soll sein, was ich bei dir tun
werde.«*

In guten wie in schlechten Zeiten!

Die vorstehende Bibelstelle ist eine jener, in denen Gott Mose erschienen ist und den Menschen deutliche Anweisungen und Warnungen gegeben hat, was zu tun ist.

Ob Gott selbst tatsächlich gesprochen hat, dazu komme ich später. Schauen wir erst einmal, was die Bibel sagt.

Zunächst teilt Gott mit, dass er Güte erweisen wird über tausende von Generationen hin.

Aber -und das ist ebenso wichtig- kündigt er Strafe bis in die vierte Generation für denjenigen an, der sich gegen ihn wendet.

Liest man diese Stelle, so stellt man fest, dass zwischen Strafe und Lob ein großes Ungleichgewicht zwischen den Zeitangaben besteht. Strafe für nur vier Generationen ... Lob für 1.000 Generationen.

Wir mögen über diese Zahlenangaben den Kopf schütteln. Sie müssen uns aber nicht zu sehr bekümmern, denn sie haben -über die bloßen Zahlen hinaus- einen Sinn.

Sie führen uns nämlich vor Augen, dass Gott, selbst wenn wir ihn verschmähen und missachten, uns dies lange nicht in der Art und Länge nachträgt, wie er es uns »nachträgt«, dass wir zu ihm stehen.

Es zeigt, dass Gott eben nicht ein strafender, sondern ein gütiger Gott ist.

Doch noch etwas weitaus Wichtigeres geschieht.

Gott verspricht uns seinen Bund.

Er verspricht uns, Wunder zu tun, wie sie
noch niemand vollbracht hat vor den Augen
aller Völker dieser Erde.

Die Wunder, welche er uns ankündigt, sollen
Furcht ... aber auch Staunen erregen.

Tja ... und damit entlässt er uns in unsere
Zukunft...

Gott verspricht uns aber seinen Bund. Er
kündigt Wunder an, welche wir noch nie
gesehen haben.

Schauen wir uns in der heutigen Welt um oder
betrachten wir die Geschichte unserer
Menschheit, so fällt es uns schwer, zu glauben,
dass solche Dinge, auf Gott zurückfallen.

Zu viele Dinge gibt und gab es, die wir uns schlichtweg nicht erklären können.

Dinge, die uns zweifeln lassen, warum Gott so etwas zulässt.

Da entstehen Kriege, Menschen sterben, ein engster Vertrauter stirbt, wir werden verlassen, betrogen, hintergangen, Straftaten geschehen ... Katastrophen wo man nur hinschaut.

Die Welt scheint zu oft aus den Fugen zu geraten.

Aber ... dies sei hier trotz allem zu Ihrer Beruhigung angemerkt ... die Erde dreht sich weiter...

Und dennoch ... solche Dinge sind eben geeignet, uns zweifeln zu lassen.

Wir fragen uns:

»Ist das Gott?«

»Hat *er* das gemacht?«

»Und wenn *er* es selbst nicht war …
warum lässt er so etwas zu?«

Nun, wenn wir uns die Bibelstelle noch einmal
genau ansehen, so können wir herauslesen,
dass Gott zwar einen Bund mit uns schließt,
aber keineswegs davon redet, dass alles nur
noch gut sein wird.

Sagt Gott nicht, dass wir seine Wunder
bestaunen, aber eben auch *fürchten* werden?

Er zeigt uns seine Güte an … und gleichzeitig
aber warnt er auch dringend davor, sich von
ihm abzuwenden.

Schlimme Dinge hat er *nicht* ausgeschlossen.

Doch was ist mit den Wundern, die er ankündigt? Wo sind die?

Gibt es sie?

Und vor allem: Können wir sie wirklich erkennen?

Sind etwa jene eben genannten Dinge die Wunder, von denen Gott spricht?

Wohl kaum...

Springen wir daher einmal kurz an eine ganz andere Stelle in der Bibel ... in die Schöpfungsgeschichte!

Da heißt es im 1. Buch Mose, 1. Kapitel, Vers 27:

> *»Und Gott schuf den Menschen ihm zum Bilde, zum Bilde Gottes schuf er ihn.«*

»Schön!«, wird der ein oder andere von Ihnen jetzt sicherlich denken. Und weiter fragen Sie sich: »Was hat das mit dem Bund Gottes zu tun?«

Ich denke ... eine ganze Menge...

Jeden Tag gehen wir Bündnisse ein.

In unserem täglichen Leben funktioniert eigentlich nichts, ohne dass wir in irgendeiner Art oder Weise anderen Menschen verbunden sind.

Unser ganzes Leben ist eine Verbindung zur Außenwelt, ohne welche wir nicht mehr leben können.

Meist ist es hierbei völlig egal, ob man sich dieser Bündnisse bewusst ist, ob man diese möchte oder ob sie einfach da sind.

Bereits auf dem Weg von A nach B ist jeder Einzelne von uns dem Bund mit den anderen Verkehrsteilnehmern ausgesetzt. Verbunden sind wir hierbei über die gemeinsamen Regeln, auf deren Einhaltung auch durch die anderen wir angewiesen sind.

Ein Gottesdienst und eine Kirchengemeinde ist ein Bund derjenigen, die es für wichtig halten, wenigstens einmal in der Woche innezuhalten und sich wieder auf Gott zu konzentrieren. Wir feiern und beten gemeinsam.

Jeder Vertrag ist ein Bund, welcher uns mit mindestens einem Menschen verbindet.

Diejenigen von uns, welche Kinder haben, wissen, wie eng wir ihnen verbunden sind. Die Kinder hängen von uns ab ... und geben uns so viel...

Verbindungen haben wir auch zu den Haustieren, welche wir uns angeschafft haben.

Wir geben ihnen ein zu Hause ... sie geben uns Freude ... und oft auch viel Arbeit...

Auch gibt es natürlich noch die vielen Vereine, in denen sich Menschen zusammenschließen, weil sie sich im Vereinszweck verbunden fühlen.

All' jene Verbindungen seien nur stellvertretend genannt für die unzähligen Möglichkeiten von Bindungen und Bündnissen in unserer Welt und unserem Leben, welche die Welt zusammenhalten.

Und dann gibt es da noch jenen Bund für's Leben, den so mancher eingegangen ist.

27

Wie heißt es da so schön: »In guten wie in schlechten Zeiten!«

Ein Bund, wie es fast keinen Zweiten gibt ... und einer der wenigen, welchen wir -zumindest in unserem Land- wirklich freiwillig eingehen können.

Und nun einmal ehrlich ... sind nicht alle diese Bindungen ... ein Wunder?

Und auch im Berufsleben gibt es Bündnisse, dort Verträge, Kundenbeziehung oder ähnlich genannt, die eingehalten werden sollen.

Stellen wir uns nur einmal vor, was es in unserer heutigen Zeit hieße, wenn diese Bindungen mehr wert sind, als manch' betriebswirtschaftliches Denken es uns verkünden möchte.

Ja, das ist möglich und man ist immer wieder
erstaunt, dass sich so manches vermeintlich
unlukrative Geschäft durch das Einstehen für
den geschlossenen Bund, Vertrag, Kunden,
Mandanten, Patienten urplötzlich als großer
Gewinn in allen Richtungen herausstellt.

Ist es nicht wunderbar, dass es all' das gibt,
dass es funktioniert, dass wir uns nicht in den
Bindungen verstricken, sondern sie unser
Leben um so vieles *interessanter*,
erfahrungsreicher und vor allem *erstaunlicher*
machen?

Und genau hier setzt die
Schöpfungsgeschichte ein...

Wenn Gott uns nach seinem Bild erschaffen
hat ... sind dann nicht auch die Bündnisse, die

wir eingehen können, nach seinem Bilde geschaffen?

Gott schließt einen Bund mit uns. Er zeigt uns, dass wir wichtig sind für ihn. Und er zeigt uns, dass er wichtig ist für uns.

Was für ein Geschenk !

Ein Bund bedeutet *Verantwortung*.

Ein Bund funktioniert immer nur auf *Gegenseitigkeit*.

Nur wenn alle Teile eines Bündnisses oder eines Bundes ihren Teil -was auch immer es sein mag- erfüllen, so bleibt der Bund bestehen.

Ein Bund ist »Vertrauen pur«.

Bricht eine Seite dieses Vertrauen ... so ist es aus mit dem Bund ... manchmal auch für immer.

Das beste Beispiel hierfür sind sicherlich die hohen Scheidungsquoten, welche in der sogenannten zivilisierten Welt mittlerweile bis zu 2/3 aller Ehen betreffen.

Wie viele von diesen Ehen sind gescheitert, weil man einfach kein Vertrauen mehr hatte?

Ein Bund ist *Chance* ... aber auch *Verpflichtung* zugleich.

Nehmen wir unsere Umwelt.

Wir sollen uns »*die Welt Untertan machen*«.

Doch ein Untertan kann nicht ausgebeutet werden, sondern er dient. Im Gegenzug dafür muss er versorgt werden mit Gutem, mit Nahrung, mit Kleidung, mit Liebe, mit Fürsorge und ... mit Achtung!

Das ist der Bund, den Gott uns abverlangt ... und den wir endlich erfüllen sollten.

So macht es Gott mit uns jeden Tag.

Wir dienen ihm und er belohnt uns auf seine Art mit seinen Wundern des Alltags, die unser Leben wirklich lebenswert machen.

Gott hat sich uns verschrieben ... er hat dabei gesagt: »Ganz oder gar nicht!«

Er verstößt uns nicht, wenn wir etwas falsch machen. Er bestraft uns nur, wenn wir uns von ihm abwenden, also den Bund mit ihm brechen.

Ansonsten steht er zu uns!

Egal was passiert ist.

Gott schuf uns nach seinem Bilde und damit sind auch unsere Bündnisse nach seinem Bilde.

Und die von Gott versprochenen Wunder tun sich dabei in jeder Sekunde auf, die wir die Augen aufmachen und um uns herum schauen, welches Bündnis denn gerade Gottes Wunder zu Tage treten lässt.

Sei es der Straßenverkehr, der durch die gegenseitige Rücksichtnahme meist unfallfrei abläuft.

Das ist heutzutage sicherlich ein Wunder angesichts von statistischen 2,25 Mio. Verkehrsunfällen jährlich allein in unserem Lande.

Sei es das Kind, das uns anstrahlt, wenn es das Laufen gelernt hat und uns damit jede Sekunde, die es unseren Schlaf geraubt hat, als vollkommen unwichtig und nebensächlich erscheinen lässt ...*einfach wunderbar...*

Sei es der Arbeitgeber, der es fertig bringt, seine Angestellten zu loben.

Oder sei es der Angestellte, der einfach gerne zur Arbeit geht ... Beides ist zu oft wahrlich ein Wunder...

Sei es der Sonnenstrahl, der unser Herz auch in kalten Herbsttagen erwärmt.
...wunderschön...

Sei es der Ehepartner, der trotz schwerster Verfehlungen des anderen Partners zu diesem hält und ihn nicht im Stich lässt, weil er erkennt, dass er ihm verbunden ist.
...eines der größten Wunder überhaupt...

Gott zeigt uns trotz unserer vielen eigenen Verfehlungen, dass er nicht loslässt das Werk

seiner Hände, sondern an seinem Bund mit
uns festhält und *seinen* Teil erfüllt.

Er ist uns ein Vorbild, dem es zu vertrauen
gilt.

Mit jedem dieser Bunde nach seinem Vorbild
zeigt er uns:

> Gott ist da...

> In jeder noch so kleinsten Begegnung...

> Ob mit Mensch, Tier oder unserer
> Umwelt...

> Gott ist da!

Bewahren wir diesen Bund.

Brechen auch wir nicht aus unseren
Bündnissen aus, wenn uns danach ist,

sondern besinnen uns darauf, was Gott
machen wird, wenn wir ihn enttäuschen.

Er lässt uns eben nicht los, er bleibt bei uns ...
solange *wir uns nicht abwenden*!

Dieses Bild sollte uns wahrlich ein
wunderbares Vorbild sein ... jeden Tag ...
gegenüber jedem Tier und Mensch und auch
gegenüber unserer Umwelt.

Es ist ein ständiges Geben und Nehmen, bei
dem alle nur gewinnen können.

Das ist ein wahres Wunder.

Beherzigen wir dieses Angebot von Gott und
leben sein Wort.

Er hat uns nach seinem Bilde erschaffen.

Er hat für uns Verantwortung übernommen, wie ein Vater, dessen Kinder auch einmal ungezogen sind.

Wir haben die Chance, diesen Bund jeden Tag auf unsere Art zu erfüllen und Gott zu zeigen, dass wir noch im Bund mit ihm sind.

Zeigen wir es dadurch, dass wir auf andere Menschen zugehen, dass wir unseren Teil der Dinge erfüllen, auch wenn es noch so schwer fällt und man gerne alles andere machen möchte, nur nicht das, was ansteht.

Machen wir mehr, als sich rechnet.

Stehen wir zu unserem Wort, wie Gott zu seinem ... im Bund mit ihm und in den Bündnissen zu anderen...

Gehen wir also in jede neue Woche mit den Gedanken, dass Gott mit uns im Bunde ist.

Was wird mit diesem Gedanken in unserem täglichen Leben nicht alles … auf wundersame Weise … einfacher…

Denn, und damit schließt sich der Kreis zu Mose:

> Mit seinem Bund im Alltag spricht Gott selbst jeden Tag auch zu uns!

Noch etwas: Die Bücher

Erlauben Sie mir noch eine Anmerkung zu den Büchern dieser Reihe »Ein wenig angedacht«.

Sicherlich haben Sie bemerkt, dass die Bücher relativ dünn und in einer großen Schriftart gedruckt sind.

Dies ist so gewollt.

Die Bücher sollen einen Anreiz geben, sie in überschaubarer Zeit durchzulesen.

Gleichzeitig möchte ich auch denjenigen Leserinnen und Lesern die Möglichkeit geben, die Zeilen mit Interesse zu lesen, wenn sie nicht oder nur eingeschränkt über eine ausreichende Sehkraft verfügen.

Eine große Schriftart und komprimierter Inhalt, der sich auf das Wesentliche beschränkt, dienen beiden Zielen.

Vielleicht wird es auch einmal umfassendere Bände der Reihe geben. Dem Wesen nach aber will ich einen Grundstein für Gedanken legen und diese nicht in alle Verästelungen hinein auslegen.

Der Sinn der Bücherreihe sind wachsende Gedanken ... hin zum Guten. Es kann aber nur das wachsen, was nicht eingeschränkt oder begrenzt wird.

Und daher sind die Bücher dieser Reihe dünn und mit großer Schriftart...

Und sonst... ?

Hier finden Sie eine Übersicht der bereits erschienenen Bände der Reihen

»Ein wenig angedacht«

und

»Worauf es ankommt«.

Gerne kann ich Sie auch über die Neuerscheinungen informieren, wenn Sie mir entweder einen Brief mit Ihrer Adresse zusenden oder sich in den Newsletter auf der Internetseite eintragen:

www.ein-wenig-angedacht.de

Aus der Reihe »Ein wenig angedacht«:

Band 1:

Darum prüfe, wer sich ewig bindet!

ISBN: 978-3-8423-7792-9

Wir Menschen sind füreinander geschaffen. Für jeden gibt es einen anderen Menschen, der oder die zu ihm passt. Die Suche ist manchmal schwierig ... aber sie lohnt sich!

Band 3:

1, 2, 3 ... Ich komme!

ISBN: 978-3-8423-4811-0

Der Mensch ist, wer er ist. Wir brauchen uns nicht zu verstecken. Vielmehr sollten wir zu unseren Idealen und unseren Fehler stehen und für gute Werte auch Position beziehen.

Aus der Reihe »Worauf es ankommt«:

Band 1:
**Die Zwei
...hier beginnt Gemeinde**
ISBN: 978-3-8423-6224-6

Zwei Menschen, die sich begegnen ...
das ist der Schlüssel für das
menschliche Miteinander ... und da
beginnt Gemeinde.

Band 2:
**Die Ernte
...was man sät...**
ISBN: 978-3-8423-6412-7

»Wie man in den Wald hineinruft...«
»Was man sät...«
Ein lebhaftes Plädoyer für ein
Innehalten und Überdenken der
eigenen Worte und Taten.

Band 3:

Das Licht
...glänzend und allumfassend
ISBN: 978-3-8423-6416-5

Licht ist unser Lebenselixier. Ob das
tatsächliche Licht oder Licht im
übertragenen Sinn ... wir können
sehen, wo wir gebraucht werden.

Ebenfalls erschienen:

Thorsten Haßiepen (Hrsg.)
Das Bibel Taschenbuch
ISBN: 978-3-8334-6701-1

Ein Begleiter für jeden Tag.
Bibelverse geordnet nach
Stichworten und somit auffindbar
dann, wenn man nach ihnen sucht...

Weitere Informationen

Weitere Informationen zu dem Projekt
»Ein wenig angedacht« im Internet:
www.ein-wenig-angedacht.de

Weitere Informationen zu dem Projekt
»Worauf es ankommt« im Internet:
www.worauf-es-ankommt.info

Wöchentliche Andachten des Autors:
www.wochenandachten.de

Alle Bücher sind als Druckversion
und als eBook's erhältlich.

Gott segne Dich und behüte Dich.

Er lasse sein Angesicht leuchten über Dir
und sei Dir gnädig.

Er hebe sein Angesicht über Dich
und gebe Dir Frieden.

Amen.